Inga Grote

Tanz zwischen Zeilen

story.one – Life is a story

1st edition 2024
© Inga Grote

Production, design and conception:
story.one publishing - www.story.one
A brand of Storylution GmbH

All rights reserved, in particular that of public performance, transmission by radio and television and translation, including individual parts. No part of this work may be reproduced in any form (by photography, microfilm or other processes) or processed, duplicated or distributed using electronic systems without the written permission of the copyright holder. Despite careful editing, all information in this work is provided without guarantee. Any liability on the part of the authors or editors and the publisher is excluded.

Font set from Minion Pro, Lato and Merriweather.

© Cover photo: illustriert von der Autorin, aufbereitet mit Canva.

© Photos: Illustrationen: von der Autorin, aufbereitet mit Canva Autorenfoto: privat

ISBN: 978-3-7115-0101-1

*"Ganz gleich was man Ihnen erzählt,
Wörter und Gedanken können die Welt verändern."*

*(Robin Williams
in "Club der toten Dichter")*

INHALT

Für Immer	9
Kirschblüten	13
Schwingende Saiten	17
Seiltanzen	21
Musik	25
petit déjuner	29
Sommertag	33
Vanillepudding-Tage	37
Unsere Geschichte	41
Altlasten	45
Herbstgefühl	49
25.10.2022	53
04. Dezember 2023	57
Der erste Schnee	61
Unerreichbar	65
Zuversicht	69
Feuerwerk	73

Für Immer

Vielleicht nicht heute oder morgen.

Vielleicht nicht mal in ein paar Monaten.

Aber wir haben noch so viel Zeit.

Bis die Schneeflocken wieder

auf uns herabfallen,

bis die Sonne im August

wieder unsere Haare bleicht,

und das Meersalz darin hängen bleibt.

So lange,

bis der Wald sich unter unseren Schritten

in einen Farbkasten verwandelt

und der pfeifende Wind

nach Punsch und Zimt

riecht.

So lange, bis die Bäume

sich wieder mit Lichtern schmücken

und du mich unter einem Mistelzweig küsst.

So lange, bis im Frühjahr

das erste Gezwitscher im Geäst des alten

Kirschbaumes ertönt

und die rosaroten Blüten

durch die laue Luft wirbelt.

So lange, bis es wieder Zeit ist,

sich Schwarz-Weiß-Klassiker anzusehen

und dabei verstohlene Blicke zu tauschen

und deine Hände zu halten.

Du schaust mich an und sagst:

„Es sieht nach Schnee aus."

„Ja, das tut es.", sage ich und lächle.

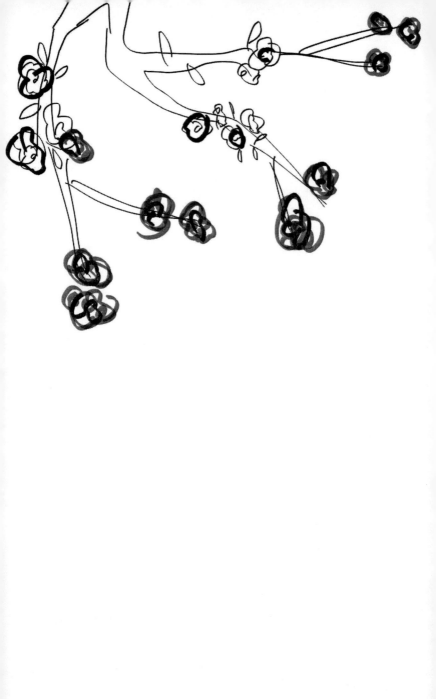

Kirschblüten

Die ersten warmen Sonnenstrahlen

seit Monaten brechen sich in den Blüten.

Abermilliarden kleine Kaleidoskope,

die rosafarbenes Licht in weichen Wellen

über die Stadt streuen.

In diesem Licht

scheint alles so leicht, neu, frei zu sein.

Ich sitze am Fenster,

draußen rauschen Autos vorbei.

Die Symphonie wird

vom Fallen der rosaroten Blütenblätter

und einem Vogelchor begleitet.

Einem Kanon zwischen

noch frierenden Sonnenstrahlen

und den ersten Sommer-Momenten.

Und im Schein der Kirschblüten

kündigt sich ein neuer Frühling an.

Das rosafarbene Licht

taucht

die ganze Stadt in Frühlingsgefühle.

Im Fliederbusch

unter meiner Fensterbank sitzt:

Ein erster Schmetterling.

Ein erster Kundschafter,

der den Frühling mitbringt.

Schwingende Saiten

Staubteilchen glitzern und flimmern

im Mondlicht,

das sich im milchigen Fenster bricht,

wie kleine, bemannte Kometen.

Dein Arm liegt schwer über meiner Hüfte,

dein Atem liegt heiß an meiner Wange.

Ich habe noch Geflüster und

Geräusche der letzten Nacht im Ohr,

als ich mich

auf der körperwarmen Matratze umdrehe,

während das Laken flüsternd raschelt.

Ich raune in das Kopfkissen,

wie glücklich ich bin,

während du dich im Land der Träume

leise lächelnd regst.

Schläfst du schon?

Hey, du?

Ich habe schon geflüstert, geraunt,

mit und ohne Worte gesagt,

dass ich dich liebe.

Aber in diesem Moment

übermannt mich die Liebe,

sodass ich am liebsten

aus dem Bett zum Fenster springen möchte.

Hinausschreien, dass ich dich liebe.

Für immer.

Dass wir für immer

Flüsternd-laute-Nächte mit

Ich-liebe-dich-Fenster-Schreien

und still-glücklichen Morgen haben werden.

Weil wir zusammen

schweigen, flüstern, reden, lachen

und lieben können.

Weil wir zusammen einfach sein können

Seiltanzen

Letzte Blicke streifen

das Klavier, die leeren Wände,

dein Gesicht.

Auf der Schwelle taste ich die Töne ab,

die über der Szene hängen.

Im Fenster der große, alte Gingko.

Seine Rinde unter meinen Fingern,

rau und schroff.

Noch so klein, wie am ersten Tag.

Die Schwalben fliegen hoch,

gibt es dann gutes Wetter?

Du weißt es nicht mehr.

Vogelhäuser bauen,

Schlittenfahren,

durch den Wald laufen,

auf Bäume klettern.

Weißt du noch, wer ich bin?

Ein Schlittern auf der Schwelle,

bin ich wieder acht,

oder doch schon jetzt?

Ich wiederhole die Geschichte,

als das Gartentor hinter mir zufällt.

Du müsstest es mal wieder ölen.

Musik

Ein erster gemeinsamer Tanz.

Sie im Kleid und er im Takt.

Umgeben von Gelächter, von Masken,

getragen bis die Uhr zwölf-mal schlägt

und Cinderella ihren Schuh verliert.

Ein erstes Auge in Auge

und Hand in Hand.

Ein erstes getauschtes Lachen

unter Masken,

vor Mitternacht.

Der Saal gefüllt mit Lachen,

Glück und Musik.

Melodien des Lebens, der Liebe.

Aus einem Tanz wurden zwei,

dann drei

und irgendwann tanzten sie gemeinsam

durchs Leben.

Noch immer ist sie im Kleid und er im Takt.

Noch immer lachen sie gemeinsam.

Doch die Musik,

der Takt ihres Tanz-Aktes ändert sich stetig:

Mal eher Schlager: lebendig und froh.

Mal eher leise, piano.

Wechsel zu fortissimo.

In ihren Augen der Glanz

des ersten Tanzes.

Sie im Kleid.

Und er im Takt.

petit déjuner

Das Quietschen des alten Chevrolet Camaro,

der sich zwischen den engen,

sonnenverbrannten Gassen

in Richtung Meer schlängelt, weckt mich.

Verträumt dösend blinzle ich unter

traumschweren Wimpern hervor.

Dein Atem geht noch im Takt der Melodie

des Saxophones,

die gestern Abend durchs Fenster stolperte.

Unser Zimmer - charmantes Chaos aus

Filmdosen,

abgestreiften Sommernächten

und Salzwasserküssen.

Ich streiche

eine deiner Locken aus meinem Gesicht,

während unten auf der Straße der boulanger

die Fensterläden lautstark zurückschlägt.

In deinen Armen

drehe ich mich wieder zurück in den Schlaf,

bis wir vom Duft der pains au chocolat

und der Meeresluft

geweckt werden.

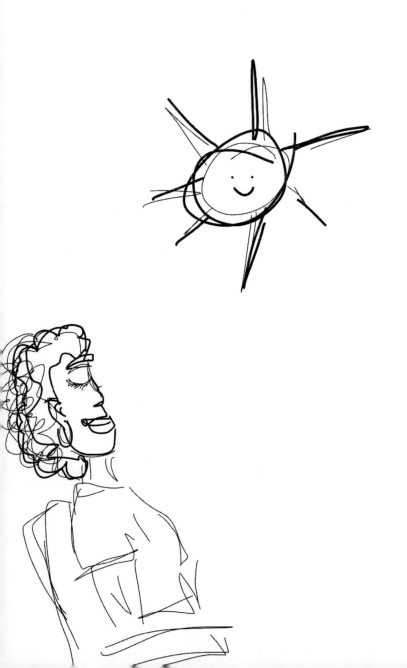

Sommertag

Dösend, träumend, schwerelos.

Warme Sonnenstrahlen tanzen über

meine Haut.

Gedanken, so leicht wie Blütenblätter

zusammen mit Wolken

und Träumen verstaut

im Himmel.

Fliegen immer höher, weiter, frei.

Grenzen gibt es nicht.

Einfach nichts tun,

ist so leicht, ist schon fast Pflicht.

Ich sehe Blumen, Kontraste. Bunt und blau.

Ich rieche schon Sonne und Freiheit,

am Abend ganz lau.

Ich höre leise Melodien,

entstanden aus Wünschen und Träumen,

ausgesprochen unterm blauen Himmel,

oder auf alten Bäumen.

Und erfüllt worden.

Ich schmecke die Vorfreude auf all das,

was der Sommer noch bringt

und fühle nach einer leichten Brise,

wie mein Herz zu singen beginnt.

Diese Leichtigkeit, die plötzlich alle ergreift.

So dösend,

träumend, schwerelos

ahne ich, dass alles möglich ist

an diesem Sommertag.

Vanillepudding-Tage

Wenn die Wärme aus Omas Küche

sich mit dem Geschmack der Gegenwart

und dem alt-erdigen Geruch des Weinkellers

vermischt.

Wenn die Grenze zwischen

Realität und Wünschen so dünn ist,

dass man mit dem Löffel eintauchen kann.

Und sich eine ganz neue Welt

um mich entspinnt.

Wenn ich Sehnsucht habe,

aber nicht weiß, wonach.

Weil ich das Gefühl vermisse.

Wenn ich die Augen öffne

und fast meinen Opa

in der Tür stehen sehe.

Wenn du fragst, was los ist

und ich sage:

"Es ist einer dieser Tage."

Wirst du es verstehen?

Wenn der Rosé in dem langstieligen Glas

wirbelt und sich in

samtig-glänzenden Erinnerungsschlucken

über die Szene legt und mich mitreisst.

Hinein in schwarz-weiß-Fotos,

Hinein in einen ersten Tanz,

Hinein in so viele Geschichten

und einen Vanillepudding-Tag.

Unsere Geschichte

Getauschte Lächeln

unter zitierten Gedichten

und gestohlene Blicke

zwischen Schulbüchern.

Hand in Hand

zwischen perfekten Schneeflocken

und zu langen Busfahrten.

Ein erster Tanz mit dir,

Nasenspitze an Nasenspitze.

So lange haben wir gewartet.

Und jetzt tanzen wir endlich

Arm in Arm in der Nacht.

Wir drehen uns unter Sternen und Planeten,

während die Luft nach Schnee und langen

Nächten

Arm in Arm riecht.

Nach dir.

Wir schwimmen in einem Meer aus

getrockneten Blüten und Melodien.

Zwischen meinen Fingern und deinem

Schlüsselbein

singt Grover Washington unser Lied.

Und alles was ich denken kann ist,

dass ich dich nochmal

bei dem alten Karussell küssen möchte.

Altlasten

Die Flugzeugflügel wummern über den Hochhäusern, rauschen in meinen Ohren, pulsieren durch mein Blut.

Und ich muss den zu schwer gewordenen Kopf gegen das Fenster lehnen.

Die Fensterscheibe riecht wie Papas Wohnung früher. Ein bisschen zu sauber und nach Dachetage.

Der Balkon. Habe ich die Tür geschlossen? Es wummert in meinen Ohren. Die Tür ist offen.

Ich denke zu viel. Bin ich frei? Deine Augen mustern mich. Grauer Marmor mit blauen Sprenkeln.

Was meinst du, Sartre? Sind wir frei? Oder werden wir so enden, wie meine Eltern?

„Die Geschichte wiederholt sich immer zweimal" stand auf der Zeitschrift im Wartezimmer. Ich habe sie nicht aufgeschlagen.

Ich hatte Angst. Ich habe ihre Geschichte vererbt bekommen.

Gedanken wirbeln durch die geöffnete Balkontür. Der Straßenlärm und die Flugzeugflügel heben an zum großen Finale.

Kollision mit rauschenden Blutbahnen. Auch sie haben gesagt, sie lieben einander. Es wummert in meinen Ohren.

Bin ich frei davon? Endlich? Was meinst du, Sartre? Sind wir frei?

Vielleicht sind wir es und ich muss aufhören an die Vergangenheit zu denken.

Aber ich kann es nicht riskieren, dass wir so enden. Das ist keine Option.

Genauso wenig, wie die zu saubere Wohnung mit der nicht schließenden Balkontür.

Hey, Du. Wir können frei sein und ich verspreche dir, wir werden es besser machen. Wir werden nicht mit zu sauberen Fenstern enden.

Mit zu schwer gewordenen Köpfen. Mit schreiender Stille, die durch die Tür wabert und zäh vom Balkon tropft.

Mit nichts als schmerzender Ignoranz. Mit Fotos, die nichts mehr bedeuten.

Mit dem Geruch von Umzugskartons in der Luft und einer trocknenden Träne im Gesicht.

Mit den Worten auf den Lippen, wir hätten einander nie geliebt.

So werden wir nicht. Wir sind frei. Ich bin frei davon.

Herbstgefühl

Ich laufe, gehe einfach,

aufrecht und stark.

Bekomme eine zweite Chance

mit diesem Tag.

Die bunten Blätter wirbeln,

fliegen durch die Luft, begleiten mich.

Lassen mich eintauchen in den Herbst,

in eine andere Welt.

Zwischen Gold, Orange

und warmen Rottönen bist Du mein Held.

Ein frecher Luftstoß,

eine Windböe fährt in mein Haar,

spielt mit einer lockigen Strähne.

Fast spüre ich deine Hand.

Bin gefangen im Herbst - bin wie gebannt.

Dieses Gefühl, das du mir gibst:

Ankommen, Heimkommen.

Ich blicke hinaus:

Meine Augen folgen dem Wind,

der deine Worte zu mir trägt.

Spür', wie mein Herz schlägt.

Den ganzen Tag unterwegs,

der Kälte und dem Sturm aus Gefühlen,

Worten und Laub getrotzt.

Rote Wangen, klarer Blick.

Ich möchte reden.

Nicht bloß, um die Stille zu füllen,

denn wenn wir wollten,

könnten wir auch schweigen.

Aber ich möchte reden. Mit Dir.

Möchte für Dich da sein.

Möchte meinen Mantel,

den ich den ganzen Tag getragen habe

ablegen können.

Bei Dir.

25.10.2022

Du

Ich

Ankommen.

Ist ein kugeliges Gefühl.

Deine Gegenwart

umarmt mich und schluckt mich ganz.

Mit Haut und Herz, mit Wimpernschlägen.

Und meine Worte.

Mir fehlen nicht oft die Worte,

aber ich wusste auch nicht,

dass mensch sich so fühlen kann.

Dass ich so viel fühlen kann.

So viel fühle.

Ich weiß,

überall wird dieses Gefühl beschrieben,

aber ich glaube nicht,

dass mensch so viel fühlt, wie ich.

So ein Glück hat.

Wir passen.

Du umarmst mich.

Haut an Haut und Herz an Herz.

Mit Wimpernschlägen an meiner Wange.

Wir passen.

Und mir fehlen die Worte, zu sagen,

wie sehr ich...

Mir fehlen die Worte zu fragen,

ob du sagen willst,

was ich denke.

04. Dezember 2023

Mit dir kann ich

den Regen biegen - das Leben lieben.

Mit dir kann ich tanzen.

Zwischen Sandkörnern

und Weihnachtsbäumen.

Zwischen Schneegestöber und

in Bücher verflochtenen Händen.

Bist Du. - Immer Du.

Während der Wind durch die Äste rauscht

müssen Bäume

ihre letzten Seiten zu Boden blättern.

Zwei Hände, die gebannt ein Buch halten.

Zwischen Wetterfröschen und Eislaub

- wollen sich nicht in dem Stoff der Ärmel

verlieren.

Zu perfekt ist das Panorama

in diesem Moment.

In jedem Momet. Mit Dir. Immer Du.

Es fühlt sich an,

als hätte ich mein Leben lang auf dich

gewartet.

Immer Du.

Und dabei liegt unser Leben doch noch vor

uns.

Hand in Hand zwischen

Weihnachtssternen und Blütenmeeren

stehen Wir.

Immer Wir.

Der erste Schnee

Wenn es schneit, ist alles leiser.

Meine Fußstapfen versinken still

in schneeverwehten Wegen und

Weihnachtsgedanken.

Während die Welt unter einer pudrigen, glitzernden Decke einschläft,

wird alles um mich herum ein bisschen langsamer und leiser.

Zwischen verschneiten Augenbrauen und warmen Erinnerungen

an Schneeballschlachten und schmelzende Schneeflocken auf Nasenspitzen,

drehe ich mich unter dem weißen Himmel.

Wenn es schneit, ist alles leiser und langsamer.

Wieder Zeit für Schneeengel

und federleichte Atem-Wolken vor roten Eis-Lippen.

Zeit für lange Schlender-Spaziergänge, Hand in Hand

unter Mützen-Rändern und geröteten Wangen.

Neben meinen Fußstapfen

ziehen sich deine durch den Schnee.

Leise knirschend setzen wir einen Schritt vor den anderen

und hinterlassen unsere Spuren im frischen Schnee.

Wenn es schneit, ist alles leiser.

Die Welt scheint zu schlafen.

Friedlich, leise summend.

Ich blinzle durch

Schneeflocken-verwebte Wimpern

und lasse meinen Blick über das

Winter-Wunderland schweifen,

während auf meiner Nasenspitze

ein Eiskristall schmilzt.

Unerreichbar

Auf Zehenspitzen.

Alles zu groß für mich.

Zerbrechlich in meinen Händen,

fast geschafft, wie es schien,

doch das Glitzern fiel

und die Großen mussten die Scherben

unterm Geruch von Süßem

und Geschenken aufsammeln.

Nie dachte ich,

dass ich eines Tages berühren könnte,

was unerreichbar schien.

Die zerbrechlichen Kugeln:

mein kleinstes Problem.

Erreiche nun die Spitze des Tannenbaums,

doch erreiche nicht, dass du mir zuhörst.

Kann mich strecken

und auf Zehenspitzen stellen,

aber bleibe zu klein.

Mit Ringelsocken

und Krümeln

im Gesicht

haben alle nur mir zugehört,

hätte nie gedacht,

dass das eines Tages unerreichbar ist.

Zuversicht

Wie soll ich denn nicht

an die Zukunft denken,

wenn ich mir doch nichts schöneres

vorstellen kann als das?

Eine Zukunft, die zusammengehört.

Heute hätte ich es fast gesagt, du standest da,

hast einen Witz gemacht

und ich musste lachen

und dabei habe ich es gemerkt.

Aber es wäre zu viel, zu schnell gewesen.

Auch wenn du es noch nicht merkst,

aber für mich sind es diese Momente,

in denen ich es einfach weiß.

Wasser unter den Füßen.

Aber ich habe keine Angst.

Der Wind hat mir zwischen

deinen Haarsträhnen ein Lächeln

auf die Lippen gelegt

und ich spüre es immer noch dort.

Genau, wie deine Hand.

Ein perfekter Tag.

Ich liebe es,

dass du mich zum Lachen gebracht hast,

und noch so vieles mehr.

Und da weiß ich, dass es klappt.

Denn so glücklich war ich noch nie.

Feuerwerk

Ich schaue nach oben,

wo die Sterne bereits Kreise schlingen -

um ein unsichtbares Zentrum.

Wir hier unten. Arm in Arm,

um uns das Funkeln.

Und dann explodieren die Farben.

Am Himmel. In mir.

Die Luft ist lau.

Mein Herz schlägt einen Salto

für jeden Knall, für jeden Kuss,

für jedes Wort und jeden Blick. Für dich.

Es war mein schönstes Jahr,

wegen uns, wegen dir.

Wir schauen nach oben in den Himmel

und einander an.

Ich versinke in deinen Augen.

Wir scheinen unter dieser Nacht

so winzig zu sein.

Wie Schmetterlinge.

Schmetterlinge der Nacht.

Und doch spüre ich,

wie groß das mit uns ist.

Es übertrifft alles, weil es für immer ist.

Es war mein schönstes Jahr

und ich liebe dich über alles.

Die Luft ist lau

und kündigt ein neues Jahr an,

das der Beginn von Allem ist.

Und ich liebe es,

dieses Jahr mit dir zu beenden

und das neue in deinen Armen zu beginnen.

Nichts ist schöner

und ich möchte es für immer so machen.

„Weil ich dich für immer liebe", sage ich.

Über uns: Feuerwerk.

INGA GROTE

Inga Grote ist eine "Leseratte" im besten Sinne. Sie verschlingt Bücher und Geschichten regelrecht und schreibt seit mehreren Jahren auch eigene Texte. Ihre Gedichte wurden bereits in mehreren Anthologien veröffentlicht.
Neben ihrem Studium mag sie es zu kochen, gut zu essen und Zeit mit ihren Lieblingsmenschen zu verbringen.

Mit diesem ersten eigenen Gedichtband vereint sie im Titel zwei ihrer liebsten Beschäftigungen: Das Tanzen und die Literatur. Die Gedichte in diesem Buch befassen sich auf wunderbar-poetische Weise mit dem Erwachsenwerden und all' den Gefühlen und Gedanken die dazugehören. Mit ihrem bildhaften und träumerischen Schreibstil nimmt die Autorin ihre Leser*innen mit auf einen "Tanz zwischen Zeilen".

Loved this book?
Why not write your own at story.one?

Let's go!